Declaro el estado de poesía permanente

A Virginia,
ella que es todo rimas.

Apología de Acción Poética

Prólogo:

Los cavernícolas han vuelto, tras haber dormido durante milenios, los cavernícolas han vuelto a sus viejas andanzas.

Antaño las cuevas y sus muros eran el medio por el cual se perpetuaba la cultura, y toda nuestra avanzada sociedad, todo lo que en estos momentos veas a tu alrededor tiene germen allí, en esos torpes trazos y rústicas técnicas de negativo que permitieron elevar la imaginación de esos seres no muy apartados de los primates.

Allí, al fuego dubitativo de las hogueras se pintaba las paredes para que los venideros supieran la historia de sus ancestros, sus hazañas de caza, para que supieran que habían existido.

Luego los cavernícolas usaron la toga griega, y defendieron que en las calles y en el diálogo del espacio abierto estaba el verdadero saber. Pregonaron que la verdad era parte del otro, que nada había que enseñarle, sino guiarle a ver lo que ya era. Lo que ya en sí mismo llevaba.

De nuevo era el espacio el medio de transmitir el conocimiento, de expandir la imaginación y con ella a la sociedad. De nuevo se desplegaba el saber a la vista de todos, desdeñando el secreto elitista de los claustros, llevando luz a todas las mentes que la buscaran.

Luego vendrían los folletines franceses, multiplicándose en las calles, reclamando el pan negado por un régimen que debía caer para que los verdaderos valores de igualdad, fraternidad y libertad se volcaran a la luz y ganaran el ágora de las calles.
Hoy los cavernícolas han vuelto a las andadas y tomaron las brochas y los tarros de pintura, y empiezan a recorrer poco a poco pero sin descanso las ciudades del mundo.

¿Qué es Acción Poética? ¿Nace en México porque es heredera de los muralistas Siqueiros, Rivera y Orozco, o por desavenirse de las normas y costumbres como felizmente lo hiciera Pancho Villa? ¿O acaso por ser lo uno, consecuencia y fruto de lo que lo segundo su raíz y causa? ¿Se trata, por ventura, de cavernícolas con toga y brocha, que exhiben su proclama al pueblo? Como en todo lo que hace a lo humano, quizás no sea dado encontrar una certera respuesta.

Quizás esa poética rebelión en unas calles que se llenan cada día más de mensajes vacíos, repetidos hasta el hartazgo, precisamente no busquen más que despertar lo humano de quienes se topen con esas paredes en su camino.

Breves frases, certeras frases, sin motivaciones
religiosas ni matices políticos porque es preciso
reunir y no dividir. Paredes que hablan a lo que
uno lleva dentro y como un espejo de cuentos
de hadas, reflejan quizá cosas que hemos
olvidado. Son al fin, una invitación a rebelarse
de uno mismo, porque cada acción, cada
idea es una pequeña rebelión a lo que ya
viene siendo.

Yo suelo siempre soñar con el objetivo
cumplido para saber lo que busco, dejar de
lado que las utopías están del otro lado del
horizonte, porque sé que el horizonte aguarda
a sólo un paso si lo quiero. Sólo imagina…
poder leer tu ciudad, hacer un recorrido nuevo
cada día y rimar diferente a cada paso, y
encontrar que la ciudad toda te habla. Y te
llama a vivirla.

Este libro fue escrito a partir de esas mismas
frases y citas con que almas bondadosas llenan
las calles del mundo.

Jacques Pierre

1.

"Declaro el estado de poesía permanente"
...y que la rebeldía sea la razón de cada
latido.

Declaro la insurrección de las rimas como un
derecho contra las estrictas matemáticas, pues
los versos son la matemática de la vida.

Levanto mi puño en alto contra los sumisos
que duermen sus sueños, declaro la anarquía
de mi corazón y el furor ingobernable de mi
sangre.

Yergo mi espíritu por sobre sí mismo y tomo de
rimas la revolución de su horizonte.

Declaro y deseo la más profunda enemistad
a las cadenas de todo sueño humano, tengo
los vuelos del pájaro por mi única bandera y
empuño la igualdad como mi lanza y
estandarte.
Porque la vida debe ser poesía, porque
muere todos sus días aquél que reniega de su
vida y ya no rima...
Desconozco todo lo que esté sobre mí,
porque le reniego estar a mi estatura por sobre
nadie.
Y más que todo, arranco a mi pecho un grito,
y con él lanzo un suspiro inquebrantable, sin

látigos ni fuegos, porque la poesía está hecha
de los sueños, que se encarnaron en palabras.

Rompo el sistema de barras porque no hay
barras en mi verso. No entiendas, no sigas,
cada quien de caminos hace su camino, y yo
sólo en versos y de palabras libres mi destino.

Amo la libertad de las líneas susurradas, pues
todo rebelde es en verdad un trazo de poesía,
en guerra eterna, contra las frases armadas.

Amo, y eso es poesía.

2.

"Somos instantes"
...de un racimo de soles y lunas.

Somos instantes propicios de amor y dudas,
pero ambos sellan su suerte, cuando mis labios
encuentran los tuyos.
A cada paso la vida sigue en gerundio, pues
no hay nada en este mundo, que esté siendo y
no pueda ser trocado por las manos y sus
nudos.

Tú estás siendo ahora,
lo que mañana tus caminos siembren,
y del ayer ya no queda ni tímida sombra.
Camina a dónde estés, porque el hoy es
siempre.

Somos instantes infinitos, inmortales en cada
suspiro.
Somos los versos como nos escriben las
estrellas,
pues todo el tiempo del universo a nosotros
unido,
se ha vuelto voz y fuego, al correr en nuestras
venas.

Ten por cierto que nuestros besos se romperán
en ecos de los silencios del infinito, por eso
hagamos del roce de las estrellas que anidan
en nuestra piel, digno recuerdo de las noches
de apagadas velas.
Para que en la eternidad, siempre haya un
murmullo que los hechice de esta verdad: que
desde las estrellas hasta nuestros adormilados
latidos, hoy somos todo en este instante, hoy
somos tan sólo este beso, y un sol que de
nuestro fuego, nuevo ha nacido.

3.

"Gástame los labios"
...en el perfume de tus besos,
que son carne blanda presta del deseo.

Gástame los labios como has sabido consumir
mi corazón con tus miradas, como has bebido
mi alma en tus suspiros...Gástame los labios en
tus besos, que mis labios en tus labios, se hacen
labios nuevos. Y mis besos en tus besos, besan
todos los astros de los cielos.

4.

"Eres una certeza"
...como cierto es un dado en sus giros, certero
en sus exactos lados y feroz en su tenaz
descanso.
Porque no son ciertos los días y acecha una
despedida en cada bienvenida.
Los pájaros que yerran en los cielos no tienen
por ciertos ni el mapa de las flores, ni el compás
de mis latidos.
Eres una duda en cada beso.
Eres el imposible de mis suspiros.

Eres la certeza de que no eres mía, pero de
que en ti espera toda mi vida.

5.

"Sucederás, lo sé"

...como sucede todo lo que es arrojo del destino.

Como sucede mi suerte, el cielo limpio o la flor celeste, sucederás porque lo grita mi corazón.

Sucederás porque yo soy la mitad de un camino que sólo tú haces puerto.

Sucederás porque está escrito en la fuerza de mis manos, que son ciegas anclas del mar que en tus abrazos sólo buscan.

Sucederás porque no pueden mentirme las estrellas, tú brillas desde un lugar escondido que todavía no encuentro.

Pero brillas más que todas ellas...

6.

"Un rumor debajo de la piel"*

...me recita tu nombre susurrado.

Es mi corazón que te llama en un grito que invade todo mi cuerpo y a la vez que desespera me hace vivo.

Es un rumor sereno pero insistente. Un imán de fuego que late por tus besos, un mar dulce de labios y sábanas, un rumor que me rompe el cuerpo y me rasga el nido del pecho.

Un rumor que sólo sabe la noche, y la noche y

tu pecho, y la noche, y tu pecho y mis labios,
pues su baile de ensueños, lleva el compás de
ese rumor de mis latidos.

*("Un rumor debajo de la piel", Gustavo Cerati).

7.

"A veces me asalta tu perfume"
I.
...vence mis flancos y toca puerto en mi
corazón.

Batalla injusta de guerra perdida, traicionera
por las noches llegas a mis brazos vencidos.
Como un racimo de noche tus besos me
invaden, y como una salva de cañones que
fulguran estrellas, tus pupilas me rinden.

No pido treguas a tu amor ni busco huir de las
escaramuzas, sólo espero que el viento te
favorezca y la marea te traiga siempre a este
blanco y suave campo de batalla.

Hincha las velas y agita los corceles, que la
única guerra buena es la de besos y lentos
amaneceres.

A veces me asalta tu perfume, otras veces
me rindo a tus manos, y si siempre tus
estrategias me desarman, yo también siempre
voy rendido en secreto. Levantando a los cielos

el estandarte de tu amor en lo profundo de mi
pecho.

8.

"A veces me asalta tu perfume"
II.
   A veces me asalta tu perfume
y me embriaga el calor de tus besos.

   A veces, el mar de tus labios escapa a las
orillas de mis sueños, y puedo ser libre atrapado
en tus brazos.

   A veces, el día que paso inerte esperándote,
es como la profunda noche de un país sin
estrellas. Otras veces sueño con la almohada
que nos unía, el perfume del sol de la mañana,
las olas de tus cabellos como pétalos.
Y sin embargo, a la distancia del recuerdo, con
la tristeza que mata una flor marchita, tu
perfume cruel está lejos.
   Sé que el sol gira buscando por siempre la
luna porque igual es mi camino, terco de
rondas sin sentido, en el anhelo de salvar todos
los abismos.
   Así en mis ansias de encontrarte, luces un
destello en mí de lo que de fuego sembraste.

   A veces me asalta el perfume de tu aliento.
   A veces mi pecho sufre las dudas del eclipse.

Otras veces, recuerdo que con ellos en mi alma has tejido tu nido.

9.

"Fuiste exacta"
Matemáticas...fuiste exacta como las matemáticas.

Porque nuestras dos bocas son como un sólo corazón que palpita, porque dos caminos pueden dividirse y ser uno sólo.

La poesía de tus abrazos vuelve uno lo que son dos cuerpos separados y es el suspiro de tus labios que recita mil palabras sin decirlas...

Tu calor es la temperatura exacta a la que se forjan mis sueños, tomando el rumbo de tus curvas asíntotas al puerto de mis cielos.

Tus ojos son la cuenta infinita de los astros de la noche así como tus besos hacen que rompan mil olas el hondo de mi pecho...La forma exacta en que te mueves, el tiempo preciso que habita los abismos nocturnos entre tus besos en la noche, es la matemática pura que te hace perfecta rima de mis únicas poesías.

Eres todos mis deseos, hechos exactamente uno.

10.

"Soñé que me querías"
...y era como son los sueños que no son verdad, dulces en la boca y amargos en el llorar.

Soñé que me querías y yo de tanto soñar fui dando forma a tus besos y uniendo su calor a los míos. Tracé los cielos azules y tus ojos con el brillo de mil lunas desconocidas.

A tu cuerpo le di las dimensiones de mi universo para que los mares se mecieran a tus pies y los vientos del mundo tejieran tus suspiros, y yo beber de sus vientos y forjar en él mi alma y único anhelo.

Era bueno mi sueño, y las melodías de tu voz eran el canto de las sirenas que me perdía.
Era amable la noche que cobijó mis ensoñaciones y también cómplices los tantos versos con que rimé tu recuerdo, tanto que el día se rindió a la noche para que ese sueño te invitara y ya no hubiera que despertar, y que ya toda la vida fuera contigo despierto soñar.

11.

"Cada uno es su propio argumento"
...cuando el silencio devora nuestros días.

Una verdad enzarzada de mentiras y furias, un
esbozo de los suspiros del alma triste, que busca
sus caminos andando los vientos del mundo.

En cada uno caben las luces del sol o los
espejos de la luna y en mis manos habitan los
fuegos de la rabia y las sombras de la duda,
mas de lo que siembro late mi argumento, de lo
que soy, de lo que amaso mi destino, la voz de
mis actos que gritan para desgarrar desiertos.

12.

"Estar sin ti es un peligroso precipicio"
...y sus alturas son delirios de soledad, fauces
de jaurías de la noche, que azotan la oscuridad
con colmillos sedientos.

Profundo el eco de tu ausencia, sólo repite
recuerdos de días pasados cuando te llamo, y
ya no quiero extrañarte, pues mi corazón
también se vuelve hueco como el cielo
cuando no estás.

Trazaré puentes o ingeniaré los vuelos del
pájaro aunque no veo el final del precipicio
de no tenerte, no hay horizontes en tu ausencia

ni destinos para mis velas.

Pero mis lágrimas son poderosas, ahogaré ese pozo invencible de no tenerte, y mi llanto cubrirá los oscuros fondos del mundo, hasta hacerme el mar y las olas, para poder navegar hasta el puerto de tus besos, y el norte de tu mirada.

13.

"Eres un tatuaje en mi alma"
...una de esas huellas que no entienden de los años, raíces de un amor que esconden en lo profundo sus verdades, uniendo en trazo de sus besos a lo hondo de las carnes del cuerpo.

Un ave que no lleva alas en su vuelo, un pájaro que sueña un horizonte que nunca atrapa pero en el que siempre anida, así mi abrazo anhela jamás soltarte, cuando en verdad, en abrazarte está toda mi vida.

14

"Hoy llueve poesía"
...hoy llueve poesía porque los cielos han cansado sus lágrimas y los hombres comienzan a abrir sus pechos a cómo vuelan los pájaros.

Hoy los astros conocen los versos nacidos de

la tierra rimados de dolor como un canto a las
luchas que pujan los días a girar el mundo. Hoy
la voz humana reclama en gritos su eco en el
abismo del universo, hoy sus armonías danzan
con un nuevo instrumento de gargantas.

La tierra se convierte en esfera mágica y su
poesía es más celeste que los cielos, sus
promesas laten más con los corazones libres y
sus horizontes se rompen para abrirles paso.

Hoy llueve poesía de abajo a arriba para dar
el orden verdadero a la poesía, libre y rebelde,
carnal y amante. Sin amos ni dueños, hoy los
cielos son los que escuchan porque el hombre
también empieza a ser humano.

Hoy llueve poesía y cada gota rima versos de
un himno inmenso, cálido y libre.

15.

"La poesía es como el pan, es para todos"*
...y como los cielos con los que danzan
nuestros sueños o los horizontes que acarician
nuestras esperanzas.

La poesía es la semilla que se sueña en flor y
la flor que perfuma nuestros besos, y poesía
cuando se marchita al tocar el sol los inviernos,
y poesía las pinceladas que anidan nuestros
recuerdos.

Las estrellas son poesía que es como pan del espíritu, que marca su partida y algún día su puerto.

Los versos de lágrimas y alegrías, que a nadie falten ningún día, porque es la sonrisa mejor la de quien ha sufrido para alcanzarla.

Un abrazo es poesía de cuatro versos
y de dos la rima de un solo beso.

La poesía es como el pan que es para todos, porque leva la libertad de los latidos, salvajes y tímidos, y es que escribe las vidas de los hombres el compás de sus corazones, y dice más el pulso audaz con que precipitaron su sangre para amar, que todas las voces que de ellos se hayan dado a recitar.

Un abrazo es poesía de cuatro versos
y de dos la rima de un solo beso.
Así sabida la levadura es para el pan,
lo que para el hombre forja su corazón al amar.

*("La poesía es como el pan, es para todos", Roque Dalton).

16.

"Seré breve, ven"

...porque temo a las noches sin ti.

Seré breve: bésame.

Como se besan los mares y las orillas cuando nadie los mira, y seducen las olas las arenas del mundo en un vaivén de roces como labios de sal.

Seré aún más breve: abrázame.
Porque es una hoguera de amor la ronda de tus brazos, como es la luna un hechizo de giros que hace danzar los mares, en un compás misterioso de silencios ancestrales, que teje los vientos, que amasa el mundo con sus caricias desde antes de los tiempos.

Seré todavía más breve: bailemos.
Bailemos en la noche, bailemos en las arenas.
Bailemos en la cama. Bailemos y dancemos con los pies de los sueños y la gracia de los astros. Bailemos mientras bailamos alrededor del sol y mientras el sol baila con nosotros surcando los abismos de la noche. Suspiros de melodías y los perfumes de nuestros cuerpos, como cuerdas de diestros instrumentos, para ser los acordes de nuestros mareos en los vértigos de tu mirada y mi mirada en ti reflejada.

Seré urgente: ámame.
Avanza la noche y estás lejana. Aún los astros tienen sus huellas cansadas buscándote para el baile, y los giros de la luna se vuelven torpes sin la luz de tu mirada que la guíe, y los mares se mueren quietos y las orillas sedientas esperan tu llegada.

En vilo los cielos me acompañan a esperarte.

Ven. Bésame. Y enciende el mundo con tus
labios.

17.

"Solos al fin, al fin somos"
...una sola poesía en un solo beso besado.

Solos somos un destello en la noche, no más,
ni tampoco menos que un suspiro de dos
antiguas estrellas reencontradas.

Al fin las aguas vuelven a las profundidades
del mar tras dar las rondas de las lunas por ríos y
cielos, y los vientos de las mareas, en vértigos
de azares que agitan los molinos, giran hasta
hacer el vino de tu copa, lo que antes fue otra
estrella lejana y perdida en el cielo.

Solos, porque nosotros somos como el ocaso
para el resto del mundo, nada más allá de tus
ojos hondos en mis pupilas, nadie más allá de
mis manos quemándose en el fuego que
guardan tus manos de antigua estrella, que
vuelve a ser lo de antaño.

Solos al fin, al fin somos la huella de luz que
alguna vez iluminó mil mundos, y que dio viento

y molinos para el vino de mil amantes.

Volvemos a ser esa brasa que dividida en luces desde los confines del firmamento, al fin se conoce como una, en un verso, en una mirada, en un beso que inicie de nuevo los giros de un mundo desconocido y secreto.

18.

"El jardín es tuyo, tú eres el jardín"
...Tú eres la danza y mira bien, tú eres el que baila.

Riega con tus pasos los caminos, tú eres el camino.

Piérdete o encuéntrate, que puede que a otros estés perdido, mas tú nunca estarás perdido si te encuentras.

El jardín es tuyo con todas las flores en él, has nacido libre y libre es la flor al florecer, tú hombre, tú mujer, tu eres tu propio jardín.

Cuida bien tus flores y de sus raíces labra la tierra bien, tú eres el pétalo que brilla y la flor que espera en raíz.

Eres la semilla de ti mismo en el campo de tus manos y de tu lengua su miel, anda tus días sembrando que el sol nace cuando no te fijas en él.

Tú eres tu propio jardín y tu siembra y cosecha
en ti mismo un mismo festín. Riega tus surcos
con sudor, lágrimas de triste y lágrimas de feliz,
y al terminar la jornada, tendrás flores
danzando y silbando cantos, o a cómo tú les
enseñes a sentir.

19.

"Aterriza en mis brazos"
...y salta el mundo desde donde estés, porque
te ofrezco mi pecho como el nido a todos tus
vuelos.

Aterriza en mis brazos tú que eres las alas de
mis sueños. Tú que nunca has venido, y no sé si
tu nombre es más que el espejismo de mis
ansias.

Aterriza en mis brazos y hazte la realidad de
mis intuiciones.

No sé entender que no existas, no sé aceptar
que mis caminos estén siempre vacíos, tal vez
te busqué en el horizonte y debí hallarte en los
cielos de la noche, como la luna siempre
presente y que sólo vemos cuando el mundo
entra en sus noches.

Aterriza en mis brazos, luna suave de
promesas, tú mi mundo, yo tu cálido nido.

Yo no sé decir que mis sueños son imposibles,
he visto amaneceres y he visto cómo las flores
son faros para las mariposas, y así puedo
imaginarte de sus mismas formas, un beso
hecho del fuego de las estrellas, una piel tejida
con el trazo de mil perfumes.

No sé creerte una mentira de mis suspiros, sólo
sé esperarte y buscar que una noche llegues
conmigo.

Mis brazos te aguardan como un nido,
aterriza, que anhelo tu abrigo.

20.

"Comienza por hacerle caso a tu sonrisa"
...que en tu sonrisa, como en el rayo de un sol
que abre los cielos, aguarda el camino que
ilumina la felicidad de tu corazón.

Tu mente puede guardar extraños sortilegios
para andar, puede incluso dudar de lo dulce y
aún creer que dos cuerpos amantes son dos
cuerpos y no uno solo, como un solo verbo que
es y se promete a la vez.

Tus pasos pueden llevarte lejos, pero tu sonrisa
sabe qué nombre murmura por las noches, qué
nombre recita en tus sueños y qué reflejos la
iluminan en esa otra sonrisa.

El amor tiene forma de dos labios felices, y el
amor encontrado, el sabor de dos bocas lado
a lado.

Busca en los caminos, busca el amor en la
noche más sincera o el día más lejano, pero
lleva siempre contigo la brújula de tu sonrisa, y
será el faro de tus pasos, pues no hay amor que
no se mida en largos de labios.

Comienza por hacerle caso a tu sonrisa,
y al fin hallarás otra que de la tuya sea norte y
orilla.

21.

"Eres linda desde los pies hasta el alma"*
...desde tus bellos pies que te plantan rebelde
al mundo, firme, serena, con el peso de un
pájaro que tiene el vuelo en sus pasos.

Linda como el vestido de las flores, linda el
alma como el perfume que guardan sus
pétalos.

Eres linda desde las manos hasta los versos
que desbordan de tu mirada. Y esas pupilas
como dos pozos de profunda noche, esconden
el sol de tu alma. Y yo le ofrezco nido también
en mi pecho.

Eres linda como un verso que termina en dos
bocas encontradas.

Lindos tus pies cuando giran como molinos, y
en el viento que soplan llenan el alma de
nueva vida.

¡Ay!

Pero todavía más linda tu alma, ese misterio
que convidas en suspiros, ese sol de calores
imposibles. El perfume del vino en una copa
compartida, una almohada muerta a nuestro
peso de sueños de mucha vida.

Tu alma es una magia prohibida y un canto
de sirenas que es mi norte para perderme, y a
la vez para que me encuentre en tu rima,
porque eres linda de cuerpo, verbo y miel que
quería.

*("Eres linda desde los pies hasta el alma", Mario
Benedetti).

22.

"¿Y si fuera amor?"
...lo que echa a rodar el mundo?

¿Y si no hubiera tiempo guardado en las
arenas?
¿Y si la moneda de precios escondiera los
valores?

¿Y si fuera amor eso que empuja al mundo hasta alcanzar un nuevo día?

¿Puedes decir que no dibuja palabras de amor el pájaro en su vuelo?

Sé que los vientos llevan su libertad en un verso infinito, que une el primer canto que al principio del mundo soltó en felicidad el primer pájaro. Y aún hoy siguen repitiendo su magia en los surcos del cielo, con cada calor que arrima un nuevo sol a sus vértigos en pasos.

Sé que el camino de los ríos hechiza su destino con el rumor del mar y que las estrellas de la noche negra, son de la misma luz que tiene nido en tus pupilas de miel y dulce vela.

¿Y si fuera amor por lo que nació el mundo, y si fuera que todos los besos del hombre fueron para unir nuestros labios?

Sé que todos los caminos te han traído hasta aquí.
Sé que toda la historia conocida y por conocer me han traído hasta ti.

¿Y si fuera que en tu beso me esperan mil mundos nuevos por venir, y si fuera que tú en mi beso echaras de nuevo tu corazón a latir?

Sé tan poco lo que digo...pero me basta el

fuego de tus labios para saber que todo es
cierto, y que sí es amor, porque tú eres
conmigo.

23.

"Antes de rendirnos fuimos eternos"*
...pero nadie de rodillas está impedido de
alzarse de nuevo en pie.
Vuelve a ser eterno, levántate y no te rindas,
vuelve a ser la idea de ti mismo que tenías.

No te rindas que el día nace de nuevo. No te
rindas porque te necesito. Mis pasos no te
guían, los tuyos no me siguen, hombro a
hombro, que si el cansancio me muerde el
cuerpo tú me llevas, y si los días te alcanzan a
noche yo te cargo.

Estamos a tiempo, no te rindas hoy.
Alza la cabeza y lucha en tu mirada, que
hombre no se nace, hombre se forja quien
lucha por un hermano.

Mujer, tú que eres poesía de carne y beso, tú
a mi lado y yo junto contigo. Eres lo único divino
por lo que levanto mis rezos.
Tú no eres mujer ni por bella ni por madre.
Eres mujer cuando tu valentía rima el amor de
tus manos en la lucha de tus sueños, y eres
madre ya cuando esos sueños los haces ciertos

del fuego de tu corazón.

Volvamos a ser eternos, masas levadas en sueños, volvamos a hacer girar el mundo en nuestros caminos, a no rendirse nunca, que apenas vamos aprendiendo.

No te rindas nunca, que aún seguimos a tiempo.
No nos rindamos nunca, que el sol aún sigue naciendo.

*("Antes de rendirnos fuimos eternos", Ismael Serrano).

24.

"Inventaré estrellas para que sepas de mí" ...serán los trazos de un mapa eterno que te encuentre, serán las marcas que digan "buscarte no me cansa, buscarte no me pierde".

Haré que con hechizos de ansias mis suspiros remonten el cielo, haré que su ingenio de latidos sea fuego en la noche, serán los faros que escriban en los abismos "no acepto más destino, no entiendo otra suerte, que la que me lleve contigo".

Pasarán los tiempos, nuevas serán las rondas

del mundo, y aún nuevas estrellas mostrarán sus corazones ante el nuevo rumbo "más te amo, cuanto más tu ausencia anda en un horizonte más profundo".

Las estrellas te hablarán de mí, allí donde su abrigo te alcance en la noche y yo de mis murmullos sembraré el río de sus voces "somos la luz de los caminos, dirán, y en la oscuridad de los vacíos de la vida, somos la certeza de que tú llegarás conmigo".

No te dejaré en noches oscuras.
Puedo esperarte por siempre, mientras en las estrellas invento los versos que mi corazón rima de amor latiente.

25.

"Más amor por favor"
...que llevo al alma apretadita a un sueño que no despierta.

Más amor por favor, que el silencio es un mudo cómplice y tu boca callada duele hondo.
Hasta las estrellas lloran y aún siguen lentas las manos del hombre.
Hombre del hombre lobo, más amor por favor que el corazón ya nos late menos, tullido de cicatrices, partido de ojos ciegos, sus saltos de

latidos ahora son muchos menos.

¿De qué te escondes que tanto quieres?
Eres tanto, menos lo que tienes.

Más amor por favor que el día se nos termina
pronto y el pájaro en su jaula canta por el árbol
que tumbó tu mano.

La calle no es un hogar, en el monte te van a
matar.
Más amor por favor, que la guerra me va
matando el sueño que mi alma desvela.

No te calles que tienes grito esperando en tu
voz. No te calles por favor que el que sufre es
otra versión de vos.
Que el que llora es otra garganta con tu
misma voz.

La calle no es un hogar, en el monte te van a
matar.
Pueblo primero te doy por propia mi voz, y en
tu boca que no se calla, ahora ya somos dos.

*(Dedicado al pueblo qom y a todos los que no
rinden sus sueños y derechos)

"Estaré loco, pero al menos puedo volar"
...puedo alzar los brazos y tomar el cielo, puedo
bailar con la noche, puedo colgar de sus
estrellas como un tonto acróbata sin miedos.

Estaré loco, es cierto como es cierto que no lo
es. Yo sé remontar los vientos, yo aprendí a
escalar los horizontes, y no hay verdad, y no
hay otro norte, más que el latido del corazón
hasta el desborde.

¿Goza el poeta al ver repetidos por otros sus
versos en lenguas amantes, o es el peor aguijón
al alma, que a los suyos sólo respondan los
ecos?

Estaré loco, no sé si tanto como los cuerdos,
pero vuelo, rimo; a veces siento. A veces como
el abrazo de un pájaro que no abraza, a veces
como el río que canta, y no tiene voz, y no
tiene garganta.

Estaré loco, pero al menos puedo volar, pero
al menos puedo convertir al mundo todo en un
precipicio y a la noche infinita mil veces más
honda en mi lecho.

Otros mundos, otros tiempos, a nada temen
los trazos de mi vuelo.

A veces amo, a veces vuelo.

Pero al menos puedo volar.

27.

"¿Qué dirías si te invitara a mis sueños?"*
...¿Dirías que sí?
¿Remontarías conmigo al vuelo?

¿Qué dirías si te dijera, que en tus brazos
caben todos mis cielos?
Ya no creo en los ocasos desde que vi
despertar tantas estrellas en tus miradas.

¿Qué dirías, si acaso yo distraído te dijera,
que mi sueño es hacer nidos de suspiros nuestra
almohada?
Te abriría yo las puertas de mi pecho, sin mirar
horas pasadas,
¿a qué saber lo cierto, si es mejor la noche
juntos y venidera?

Yo siempre hablo de estrellas.
Cuando hablo de tus besos, hablo de
estrellas.
Cuando callo en tus besos, hablo en mí de
esas estrellas.
Cuando te invito a mis sueños, es mi noche
triste que te llama.
Y siempre eres tú esas estrellas.

(Como es la luz de una vela,
que vence todas las sombras en el corazón que
ama).

   ¿Qué dirías si te invitara a despertar todos mis
sueños?
   Yo querría multiplicar en ti mis caricias como
las estrellas.
   Y ahora he vuelto a decirlas.
   Como si ellas un conjuro de tus besos.
   Como si en ti pudiera yo tener todos los cielos.
   Como si en ti las noches la eternidad
pudieran ser mías.

   ¿Qué dirías si te invitara a despertar contigo
todos mis sueños?

*("¿Qué dirías si te invitara a mis sueños?",
Josefa Parra).

28.

   "Nuestros labios riman"
   ...y se funden amados en una sola estrofa,
son labios reídos, pero también son labios que
lloran.

   Hay entre nuestros labios tendidos un mundo
de besos,
mil días, mil noches, mil años y mil distancias en
medio,

pero son nuestros labios, puente de dos lados y
un solo goce.

　Nuestros labios en nuestras risas,
verbo indomable, sol y caricia.

　Nuestros labios riman porque son alas
y pueden remontar los lejanos montes,
y son el beso que une el cielo y el horizonte.
　Olas que besan orillas se vuelven nuestras
bocas,
y como fuegos del sol que vuelcan a nuestras
almas,
se siembran de amor al verso de nuestras
manos
se atan de cielos al calor de nuestros pasos.

　Alterno tu magia entre recuerdo y sueño,
como promesa de mago.
　Todavía guardo tus sabores dulces y tu
amarga despedida.

　No me rindo, no te rindas.
　Yo te busco, búscame también, mi amiga.
　Nuestros labios riman y baten los vientos,
nuestros labios riman, y como tiemblan nuestras
bocas,
tiemblan así los cielos.

　Puedes decir que mis palabras son rima loca,
pero siento en mi corazón la verdad de los
sinsentidos:
sé que las estrellas de la noche honda y negra

de vacíos,
son de nuestro amor sus puntos suspensivos.

29.

"Si nos abrazamos cabemos en el mismo
destino"
...porque abrazados somos un sólo corazón
latiendo.

Ayer estaba vencido. No tenían luz los soles
de mis días.
Podía hablar al silencio, y el silencio me
respondía.
Ayer estaba sólo, no sabía ni por qué reía.
¿Acaso no riera? Quizás una lágrima mis
labios torcía.

¡Cuánto pesan tus pies cuando andas
rendido!
Ayer todos los horizontes me perdían sin
caminos,
era oscura la aurora, y ningún norte daba
conmigo.

Mira atento que es una tormenta nuestra
vida,
pero como batalla, sólo al vencer dala por
terminada.
¿A tanta tristeza podría caber palabra?
¡Y con todo aún hay caricias y en ellas dulces

rimas!

Jamás estarás vencido mientras al abrazo
prestes tus esperanzas de nuevo reunidas.
Mira atento que ni tú ni yo estamos solos,
¡a un lado y al otro, hay esperando tantos
abrazos!
Mira bien hasta ver que espejo eres de otro.

Si nos abrazamos cabemos en el mismo
destino,
si nos abrazamos cabemos en el mismo mundo,
porque un abrazo une dos mitades que se han
perdido,
y al abrazarte eres mi horizonte, y tu horizonte
soy yo.

Hoy el sol se hace en dos más que uno y uno.
El amor es eso que en un abrazo abriga al
corazón.

30.

"Ven a dormir conmigo, no haremos el amor, él
nos hará"*
...una tormenta de suspiros y sábanas, un
amanecer de besos y calores.

Ven a dormir conmigo, tú que de mis sueños
no te quitas, (¿y cómo habrías de hacerlo si
eres el sueño de mi vida?), ven a dormir
conmigo, tú que conviertes las noches en soles.

Yo no te amo porque eres tú, ni te amo
porque seas mía,
no te amo por ser tuyo, ni por tus cabellos ni por
tus besos de caricia.
Te amo porque es cielo el cielo,
te amo porque son ciertas las estrellas,
te amo porque el mar besa la orilla,
te amo como la flor que besa al viento,
te beso como besa al agua el sediento.

¿Cómo no he de amarte, amada mía,
si es en tu lecho que he conocido la vida?

Nací, como muchos antes,
quizás incluso tuve otras vidas errantes,
tristes, solitarias, sin ancla, sin vela ni caminos,
¿pero acaso no llega todo fiel a su destino?

El amor nos hará, erigirá en nuestros labios su
templo,
desandará lo que latía de corazón antes de
conocernos, dirá quizá: "¡he sido tan poco de
mí, ahora sé lo que es amar!",
o acaso el silencio sea reto y envidia a nuestra
manera de besar...

Caminan las estrellas, gira el mundo. Así te
amo.

Con toda la fuerza de lo obvio,
con el destino apretado en nuestros labios.
    Nosotros haciendo los sueños la realidad del
destino,
y a cada lado de la cama, el mundo, callado,
muy lejano.

*("Ven a dormir conmigo, no haremos el amor, él nos
hará", Julio Cortázar).

31.

"Das vuelta mi mundo"
...y das pies por cabeza y todo al revés,
lo imposible haces promesa y mi a cielo vuelves
miel.

    Hechicera de las noches que vuelves día lo
oscuro,
antes oía los pájaros cantar, de veras los oía,
pero contigo el menor murmullo es un himno,
y todos los gritos al mirarte me valen por susurro.
    Y ahora aún entiendo las estrellas al bailar
contigo,
tienen al par tu son, y al mover tú los pies guían
sus caminos.

    Antes el mismo mundo me dolía,
cada latido como puñalada
cada suspiro como cicatriz profunda se hundía,
los pasos perdidos, los labios de palabras
ahogadas,

ahora laten nuevos
ahora se hacen puertos
y cada herida tiene por sentido,
haber sido posta hasta ti por camino.

Das vuelta mi mundo y haces del horizonte mi
hogar.

Ojalá mueran mis días en tu regazo,
ojalá amanezcan mis noches en tus labios.

Das vuelta mi mundo y mis suspiros laten en tu
suspirar.

32.

"Queda mucho por sentir"
...queda un sol pendiente en los cielos por
nacer,
queda un beso que no me diste al apurar tu
adiós.

Y de tu amor fugado se me despierta un
suspiro
¡no hay tantos corazones para llenar tu vacío!

Me queda mucha rabia aguardando en el
corazón,
porque no son justas las suertes del hombre en
su doler,

porque no es muda la lágrima que a otras va
de seguir.

   No me pidas el silencio de mi callar,
(la rabia es la otra cara de tanto amar).

   Queda mucho puño alto levantado de paz,
queda escondido en mis pasos un camino para
labrar.

   ¡Ay! Si se me ahoga ese dolido en el pecho,
que es otro yo en distinto pellejo.
   Queda mucho para gritar su nombre
olvidado,
pues la justicia es la miel que hace el hombre,
estrechando al par igual hermanado.
   ¡Ay! Que tantas mentiras las diferencias
esconden.

   Queda por sentir todavía un abrazo hondo
sin distancias ni miedos torpes,
si bien eres en ti como otro yo entonces,
¡te quiero tanto, aunque no te conozco,
ni de manos, ni de rostro, ni de nombre!

33.

   "La jaula se ha vuelto pájaro"*
   ...abrió sus puertas al cielo y remontó osado
vuelo,
cual si fueran alas los extremos del horizonte,

vio que los precipicios de miedo no resisten
sueños alados.

   Libérate tú de tus certezas,
¡a qué las ciencias cuando besas!
   No tientes las palabras por verdades,
¡a qué más verdad que los labios amantes
pares!

   Continente y contenido,
tu pecho, tus labios, tus latidos,
tu pared es que no trepas,
quieto estás en tus barreras.

   La jaula se ha convertido en pájaro,
el gusano ha despertado de alas pintado,
la noche se ha vestido de soles
y las llamas sanan los roces.

   No hay prisión más honda
que un corazón que no ama.
   Tus precipicios son tu miedo en sombras.
   Salta.
   Salta.
   Tú eres tus alas.

*("La jaula se ha vuelto pájaro", Alejandra Pizarnik).

34.

"Suerte que te vi"

...de esas suertes que salvan la vida,
de esas suertes que escriben destino con su
tinta.

Porque cuando te veo entiendo por fin al
mundo,
y los cielos y el horizonte ocupan ya su cierto
lugar:
un beso a ti abrazado, y en tu regazo mi dulce
hogar.

Tú eres mi canción cuando todo lo demás
queda mudo.

La vida como un péndulo entre dos abismos,
una eterna duda de una esperanza en vilo,
al verte volviste los vacíos en mil alturas.
Y tus pupilas de estrellas se me hacen cunas.

Suerte que te vi, brújula de mis sueños,
distraída, ajena, como sin saber que con una
mirada
(de ésas de sólo dos dueños,
de ésas que dan al amor sus vuelos)
podía darte el más eterno sello de ser mi
amada.

35.

"¿Qué hacer con el amor?"
¿Un beso, un hijo o una flor?

¿Le amaso al fuego para ser una estrella,
o en cómplice secreto de la noche
(yo apuesto a mejor),
le hago oscuro lazo que aun ahogue las velas?

¿Un río, un mar o audaz un cometa?
¿Qué hacer si tus labios no me bastan?
¿Haré por ventura de mis sueños otro mundo,
y así tendré otros labios tuyos que con besos
me atan?
¿Encerrarlo bajo un cielo o gritarlo en un
susurro?

¿Qué hacer con el amor?
¿Volcarle alas o darle el ancho de un mar?
¿Sembrarle semilla? ¿Hacerle voz de
huracán?
¿Tal vez no más que un tímido corazón?

No sé si con él barrer murallas,
ajeno a mí es decir si en cambio es bravo
escudo,
o si por él se salvan perdidas batallas.
¡Ni tan siquiera sé si es brújula o faro a lo
oscuro!

¿Un libro, un poema, un sol,

una caricia, un ruego, una cama,
un imposible, un azul o un sabor?
   ¿Una vida? ¿Una espera del alma?

   ¡Ah!... ¿A qué tanto preguntar?
   ¡Mi amor se hace en amar!

36.

      "Ayúdame a no pedir ayuda"*
...y dime que mi doler tiene sentido,
y que aún las heridas cicatrizan las dudas.

   Es ancho para ambos el camino,
no me guíes sin saber a dónde vas,
ayúdame a compartir divididas mis penas,
ayúdame a doblar por sonrisas nuevas,
ayúdame a que también te pueda ayudar.

   Que tu mano no sea limosna,
yo tropiezo, caigo, me hundo,
pero mi alma no está rota,
mi frente tiene el alto del mundo
...aún cuando me veas último y perdido.
   Rendirme jamás será mi destino.

   Ayudarme a ti te ayuda,
he decidido decirte por ventura,
este secreto de que soy tu otro,
imagina tú sólo tener que procurar el bien de

todos,
y a cambio para ti prestadas todas las manos.

Qué liviano así el mundo,
tus problemas sin ser tuyos,
y velando por ti una humanidad de hermanos.

Ayúdame y aprende esto por cierto,
cuando ayudas eres tú el nuevo por dentro.

Qué liviano así el mundo,
tus problemas sin ser tuyos,
y esperando por ti una vida ya sin miedos.

*("Ayúdame a no pedir ayuda", Alejandra Pizarnik).

37.

"La poesía es liberación"
...y son dos versos las alas del pájaro
como dos rimas mis pies andando.

(Cuenta una vieja leyenda que me acabo de
inventar,
que los corazones del mundo son alas
enjauladas,
rebotan, saltan, embisten contra el duro pecho
que no deja a los hombres ser hombres de

cielo,
mas versan en otros sus corazones, como rimas
aladas,
y esto no es una leyenda que me la acabe de
inventar).

   La poesía es la liberación salvaje de las
cadenas,
pues la vida misma es un poema
de lucha que no se rinde,
que no mide, que no cesa,
pura estampida de fuerza,
lágrima que se esconde en puños,
la poesía dice todo en los medios suyos
y nada espera para los fines.

   Tienes voz y callas. Tienes pies, pero esperas.
   Tú no eres poesía. Tú no siembras tu destino.
   ¿Te sabes esclavo y duermes la sangre de tus
venas?
   Nada temas, no puedes morir si ya estás vivo.

   Rima para ser un eco eterno, mi amigo.
No tendrás así más altura que la de un grano
de arena,
ni serás más feliz, y no te prometo cierto tu
destino,
o que vayan a respetar tu vida los abismos,
pero puedo decirte que andarán contigo las
estrellas,
puedo decirte que no será más blando tu
camino,

pero puedo decirte que has de caminarlo, a
paso digno.
Nada temas, no puedes morir si en verdad
estás vivo.

38.

"Las lágrimas son tinta del corazón"
...manantial dulce y agrio del que reboza el
alma
como caldero hondo donde se cuece el dolor.

   Mi sed no va de lágrimas,
mi sed va de suaves trazos de tintas
que en tus besos la noche guarda.

   De lágrimas se han escrito vidas,
de vidas se han escrito lágrimas,
con letras torpes, con tristes encrucijadas,
con corazones rotos, con bocas besadas.

   Se parte un corazón herido,
y de su centro manan lágrimas amargas
por el sabor que no fue de los besos que no
fueron,
mas no vence a corazón lo que es perdido,
y de sus partes, fuerte vuelve entero:
perdió, dolió, murió, pero aún tiene vida y

suspiros.

En lágrimas escriben los corazones que
aman,
y es en la misma fiebre del calor que les palpita
en un nuevo amor que les sana,
donde hasta del dolor, hacen nacer sus rimas.

39.

"El primer poema que leí fue la sonrisa de mi
madre"
...un verso de besos y socorro,
un canto de cuentos y arropo.

Su sonrisa una sonrisa que salva del mundo,
y su mirada un abrigo que todos los miedos
barre:
sus brazos perdonan cualquiera que elijas tu
rumbo,
ya madre de corazón, ya madre de carne.

El mar y las alturas es saltar una estrofa
de sus besos y su abrigo es tanto más
(una madre nunca es una palabra sola),
porque a su abrazo la distancia es falsa verdad,
porque su rima mejor es la de dar.

Tus manos que sólo guardan caricias

tantas veces me han perdonado lo que ni han
sabido,
y tus labios cofre inagotable de sonrisas,
tantas veces me salvaron en rugidos de tanto
que ni he entendido.
    Yo sé que guardan más amor tus silencios,
esos que valientes también son oasis de
desierto,
de lo que el mundo pueda valer en sus gritos
todos,
y es que el amor mismo de tu entrega
simplemente somos,
porque a su abrazo la distancia es falsa verdad,
porque su rima mejor es la de dar.

40.

"La esperanza es la vida misma
defendiéndose:"*
...la estrella que resiste al amanecer,
el sol que se refugia en la luna de frías noches.

    La esperanza que no se rinde es su misma
suerte de vencer.

    Palpitan de esperanza los arrestos del
corazón,
y son los latidos los gritos de sus voces,
los ritmos, las danzas, las furias, las luchas,
que no saben ceder, que galopan en el pecho,
ciegos a la derrota y no conocen el dolor:

"Sigue, oh tonto", dicen al pulso que aguarda y
duda,
"¿Qué no ves que no es descanso el lecho?
¿Qué no ves que latido nuevo es nuevo sol?

  Sigue que el día te empuja cuando nace,
lucha, que el mundo es lo que de él se hace.
  El mismo corazón manda que no abandones,
pues todo milagro tiene al esfuerzo por
cimiento,
y único suelo de la esperanza es que jamás te
domes.
  (Es la esperanza el milagro que yo defiendo).

  Hay ojos esperando mirarte en amor,
y es algo que de promesa cierta mereces
tener.
  Hay labios que no escuchaste, pero sabes te
llama su sabor.
  La esperanza que no se rinde es su misma
suerte de vencer.

*("*La esperanza le pertenece a la vida, es la vida
misma defendiéndose*", Julio Cortázar).

41.

"Róbame un suspiro"
...como esos que son un eco en lo eterno,
como esos que me hacen saber que estoy vivo.

Abre el cofre de tus labios y te convido un
susurro sereno
un latido sereno, un corazón entero
y un canto como de pájaros, pero volado en
beso certero.

Hoy me pregunté por qué tenía manos y no
te tenía,
hoy me pregunté para qué mi corazón palpita
en este pecho hueco
si lleva el compás de tu mirada pero en ti no
anida,
tiene todo el vértigo de las sangres, y no es nido
del calor de tu deseo.

Róbame un suspiro de mi boca a tu boca.
Mi infierno es tu boca diciéndome adiós.

42.

"¡Casi todo es otra cosa!"
...como el cielo que en reflejo del mar se moja,
como el horizonte que mis pasos buscan
y es huella del paso viejo que ellos usan,
como la espina que también sabe ser rosa.

Casi toda tú no eres la que eras,
casi todo yo no soy quien quisieras,
¿pero acaso cada amor de buen latido
no es un nuevo amor a cada beso
compartido?

Casi todo es otra cosa,
como tu sonrisa que es sonrisa pero en mi boca,
como nuestros abrazos que son un mundo
grande,
y pequeños como el simple rito de amarte.

Casi nada es lo que es,
tú que eres bella cuando el sol de luz mana,
más hermosa en tu cálida desnudez
bajo la ciega noche y nuestra misma sábana.

Y casi que veo en tu despedida,
que mis brazos te esperan de nuevo en
bienvenida.
"¡Nada es lo que es
- dijo la noche al día -,
en tanta ronda todo es semilla de ser!",
y el sol en la cara de la luna también ardía.

Tu cuerpo y mi cuerpo que parecen distintos
cuerpos,
¡pero casi todo es otra cosa!
tu abrazo y mi abrazo que en uno no parecen
cuerdos,
¡tu boca y mi boca que juntas son una misma
boca!

43.

"Seamos realistas hagamos lo imposible"

...porque el horizonte lejano es un camino
dormido,
y lo que das hoy por real son imposibles
que otros antes han vencido,
no te rindas que de ti mismo no puedes irte.

   Seamos realistas que la noche no es un sol
apagado
sino en lo oscuro mil otros a ronda danzando,
hagamos lo imposible que sueño en tus besos,
todo el calor dulce, mi pecho sobre tu pecho,
que no sabe de imposibles y sí de milagros
esperando.

   Lo que es el mundo no lo entiendo
(en tus besos me devoras el universo),
lo que es el mundo no me es cierto
(tu boca me perfuma los mil cielos).

   Mujer, todo lo que soy nace de tus besos.

   Orillas hay a cada lado de los labios,
y los besos esperan al que los tome,
en medio un abismo de aguas y otro de soles,
y yo que quiero rendirme a navegarlo
porque no temo esos mares imposibles
y a tu vela y timón de mando, sólo así soy libre.

   Lo que es el mundo no lo entiendo
(en tus besos me devoras el universo),
lo que es el mundo no me es cierto
(tu boca me perfuma los mil cielos).

44.

"La eternidad me espera en tu boca"
...acurrucada entre tus labios, con todos los
días del mundo para encontrarte. Tu boca, un
pozo de noche donde anidan todas las
estrellas.

Una tarde de una vez me regalaste una
eternidad,
tenía el tamaño justo de tu beso, tenía el sabor
preciso de un instante.

Una noche de un día, danzaba yo al abrigo
sincero de tus labios,
y había sol en tus ojos, y había más labios en tus
dulces manos.

La eternidad de la noche guarda el trazo de
nuestro lecho,
sabe sus medidas, respeta sus esquinas, y a
veces no.
Tu boca esconde un himno de susurros, un
cálido y misterioso viento,
es un mar de besos y una orilla de mieles, y a
veces no.

Tu eterna boca es a veces lo único que me
despierta al mundo,
Y a veces no; a veces se me hace el sueño más
dulce y profundo.

 A veces tu boca es un beso eterno,
con intención de amar primero
a veces ese beso te lo doy yo y voy segundo.

45.

 "Escribo en defensa propia por ausencia
                    ajena"
 ...porque tengo las alas muy cansadas de tan
rotas,
porque a mi ya no se me dan en sanar las
vendas.

 Escribo en papel mis cicatrices, abro sendas,
hago de tintas mis nuevas raíces, hasta que
vuelvas. O hasta que no vuelvas.
 Lleno de nuevas líneas mi cuerpo para olvidar
que de memoria me sé el perfume de tu piel y
el fuego de tu recuerdo. Escribo con lágrimas
para llenar mis días en tu ausencia.

 Pero las palabras avanzan
y los soles escriben también sus letras,
tu ausencia menos ausencia
ya cada vez es más pasado y memoria lenta,
yo no quiero olvidarte pero es el corazón el que

late,
y al fin y al cabo, he visto que por defensa
cierta,
es dar a lo escrito un punto, y a otra parte.

46.

"Lo inevitable no merece nuestro miedo"
...ni merece nuestro vértigo húmedo de
pupilas,
porque lo mismo de inevitable que nace el sol
en los cielos,
tus labios se me hacen alas para atrapar mis
sueños y sonrisas.

Yo soy el que hace lo inevitable, yo soy el que
empuja los días,
he vencido desde el principio de los tiempos,
he nacido mil veces y de mil formas las vidas,
y a cada vez aprendo mejor a amarte y más
todavía.
He tomado piernas para tu encuentro,
brazos para ser tu abrigo y me hice labios a
esperar tu beso.

Torné sin pausa, torné sin orilla,
doblé los horizontes y vagué desde que la luna
fuera niña,
¿a qué temer lo inevitable de mi camino,
si soy yo el de antaño, a medias de ti partido?

Eres inevitable porque no me doy por
rendido.

Yo puedo parecer uno entero,
pero late mi corazón torpe y apenas medio,
y mi propia boca exhala a mis oídos:
"sé que existes, porque pies tengo y camino,
porque boca para besarte, y daré contigo".

Y se va otra ronda de la noche.
¿acaso volveré a dormir antes de hallarte?
Pueden esconderte todos los abismos del
mundo,
y perderte todas las eras y todos los soles,
pero eres mi faro, y no me perderán de ti los
mares.

47.

"Si no tardas mucho te espero toda la vida:"*
...en un suspiro de alma contenida,
que el corazón es reloj sincero:
salta con río de latidos más allá de todos los
peros.

Si vienes te espero todas las distancias,
si vienes apuro todas las alturas
que atan los soles y las estrellas de rumbo
perdidas,
que así como los astros andan los cielos
los pasos se zurcen también de lunas.

¿Has notado que al párpado cerrado
tocan las bocas en flor abierta de besos?
   Así los pechos guardan su propio compás de
tiempo,
y todos los precipicios son nada ante el abrazo
esperado.

   Rosas de labios en insistentes olas,
ahí donde los mares juegan con sus arenas,
van que vienen escapando los días
y tus suspiros que agitan mis mareas,
y tus besos que son mis orillas,
son en ti una promesa que no va sola.

   ¿Has notado que todas las manecillas
de círculos de tiempo giradas,
sin importar los extremos que el reloj les dicta,
vuelven siempre a la hora juntas besadas?

*("Si no tardas mucho te espero toda la vida", Oscar
Wilde).

48.

"Hagamos alma"
   ...pero sea la nuestra una alma grande
donde quepan nuestros labios con sabores de
besos
donde el cielo apenas baste a manto de
esperanzas.

Y que sea un alma que también cante
en una voz que sepa cumplir deseos,
en una noche que ilumine con alas de estrellas.

Hagamos un alma de lo que pudo ser,
dulce y sincera que sea,
mas que de triste no lleve piel
pues pese a toda cruel borrasca,
que pese a todo lo que el corazón sangra
siempre vence el volver de la marea.

Un alma con hebras de sol para ser cálida
y honda para las miradas anidar.

Quiero hacer contigo un alma de sueños,
de esos que al despertar contigo despiertan,
porque no es la mudanza del día a la noche
lo que me hace creer despierto.

Nuestra alma es sedienta.
Nuestra alma es más grande en más grandes
roces.
Nuestra alma tiene forma de un beso.

49.

"Poesía para el pueblo:"
...que sólo de pan mi estómago no lo lleno.

¡Pero poesía de gritos quiero hecha su poesía!
Rimas de manos que se alzan fuertes,

versos que no tengan la voz tibia,
¡quiero en el pueblo sus pechos rebeldes,
quiero que tu himno toque los techos celestes!

   Quiero poesía para el pueblo que se levanta
porque del pueblo el pueblo es su líder
despierto,
y no hay noche que resista sus manos de
desvelo,
ni escucha las sirenas que vacías promesas
cantan.
   (Ya la hora avanza).

   Si tiemblo, si dudo, si apago ilusiones en
ocaso,
vuelta está mi honda certeza pronto:
no somos rebaño,
pero ninguno está solo,
¡no somos mansos!
(Ya la hora avanza).
(Ya la hora avanza).

   Soy el pueblo que también eres,
sangrado en tierra labrada,
tú eres toda la fuerza que no te crees,
pueblo uno, poesía de esperanzas
y que eres verdad de mil rostros
de mil pasos con un horizonte tan sólo,
alza puño o alza palabras si quieres,
pero alza que ya eres todo lo que eres.

50.

"Cumple sus sueños quien resiste:"*
...como cumple el cielo los giros en que vives.

   Tú resiste un poco más que los otros ya
despiertan.
   Tú resiste un poco más que así los sueños
empiezan.

   Mira el alma desgarrada que todavía anda,
mira el niño triste de sonrisa dibujada,
mira esas lágrimas que sangran,
mira tú a los que nadie salva
y buscan esos sueños perdidos,
¡lo que sueñas debe ser compartido!

   Cumple sus sueños quien resiste,
resiste quien cumple sus sueños,
y tú como sueño de mil otros antes naciste,
¡resiste que tu lugar no es el suelo!

   Mi pan de versos contigo comparto,
no te sacia, no alimenta y es amargo,
pero también te digo sincero,
¡mi pan es justo y también es bueno!

   Tú resiste donde a nadie le parece importar,
ahí donde todo está vencido,
y no te guardes en la garganta ningún grito,

¡no es de hombres ante lo injusto dudar!

   Luchar en cada sol es como ser un pequeño
río
que arrastra en su fuerza todos los mares,
es un instinto que jamás se ha perdido,
¡levanta a los rendidos, que son tus pares!

   Tú resiste todavía un poco más,
que resistir te despierta el soñar.

*("Cumple sus sueños quien resiste", Ricardo Iorio).

51.

   "Detrás del miedo está la libertad"
...así que si a nada temes a nada deberás
temer.
   (Mira el cielo, cuenta las estrellas y ve tu
pequeñez).

   Detrás del camino hay más para andar,
y los labios son como pies para tu rumbo besar.

   Y quiero decir más de los pies, esas máquinas
de asombro a otros puertos sin saber. Dos
gigantes invencibles que te llevan a donde
ancla el corazón.

   Y quiero decir más del corazón, ese sueño de
carne, esa furia de razón. Ese que late libre

cuando de cadenas enamora, ese pájaro
solitario que busca en otros su cantar.   Yo le
quiero por valiente y porque de los miedos que
no conoce, (de las excusas que no entiende),
sabe hacer luz la libertad de mis noches.

   Y quiero decir más de la libertad, esa que
promete todo si te la atreves abrazar. En ella
navegamos toda nuestra vida: pero pocos
quieren sus anclas desatar.

   No tengas miedo, ¡si nada en verdad tienes!
   ¿A qué atarte a todo lo que sabes no eres?
   Sé libre, que eres tu única nave en este mar,
sé cómo eres, ¡no hallarás mayor libertad!

Al pie de la montaña de tus miedos, mira lo que
temes.
Ahora mira el cielo, cuenta las estrellas y ve su
pequeñez.

   Y tú que luchas por verte nuevo,
mira que tienes la altura para verte desde el
cielo.

52.

"Volvió a ganar el amor"
   ... a poco estuvo de que no,
venía cansado y había perdido los caminos de

tanto andar,
malherido de cicatrices de corazón, venía tan
sin venir que parecía rendirse de rodillas,
muertas en tierras que no conocen sol.

   Volvió a ganar el amor y aunque parecía que
no,
aunque parecía que una vida tarde
era ya tarde para el corazón,
como sin querer ella volvió un día a mirarle
y él, distraído rendido de buscarle
miró de nuevo donde ya había mirado antes.

   Del mito que hacía del amor dos mitades,
dos seres de un solo ser perdidos en las arenas
del tiempo,
ecos de abrazos que parece que no por
cierto,
y siempre vuelven a encontrarse,
así ellos trenzaron sus caminos como antes,
hasta dar con el nudo de beso prieto.
   Y siempre la danza de los tiempos
los encontró en giros de la espiral
que bailan como bailan los astros en sus
abismos,
jugando a perderse y luego a sus pasos rimar
con la suave música que son ellos mismos
y que dan su ritmo celeste en el suspirar.

   Volvió a ganar como siempre sabe ganar,
a lo temprano o a lo luego,
pues si al amor parece que le va de perdido la

suerte tal,
es simplemente que aún no se terminó el ruedo.

53.

"Di que sí"

...y en tu beso me despertarás un mundo,
dime que los pájaros pueden volar como yo
vuelo en las alas de tus labios,
dime que son mías tus mil formas de reír
(cosa más, cosa menos, he contado tantas así).

Dime que te estoy queriendo como quiero,
con estrellas desorientadas entre las orillas de tu
lecho,
(yo no sabía que las camas podían hacerse
cielos).

Di que sí, que voy despierto lo que te llevo
soñando,
y que esas dos lunas de tiempo bordado,
son los dos soles de tarde que veo en tus ojos
posados.

Dime que sí,
que los días no son caminos angostos para
nuestros abrazos,
y que tus cabellos en el viento son labios para
ser besados.

Dime que mi corazón encontró en quién latir,
y que aún en lo hondo del mar también los
sueños pueden ser anclados.
(Yo no sabía que podía amarse tanto más que
decir).

54.

"Detente para continuar"
que a veces para nacer hay que también
morir,
que no todo lo que cae adelante
es que sepa de seguir.

Vengo de un mes malo en un mal día,
que me lleva un año triste en una triste vida
y todos ellos llenos de horas vacías de luz,
todas ellas de minutos huecos donde no estás
tú.

Detente. Que no es camino el caminar.
Detente. Que es camino donde ya estás.
Nadie quiere al cielo por lo ancho de su
horizonte,
el cielo es cielo por lo ancho de su mirar.
Nadie quiere el agua que el charco no
esconde,
el pozo hondo tiene más agua para sanar.

Caminas, caminas, caminas, sin ir a dónde
vas.
Amor que me huyes, amor que me sabes
escapar,
espérame que vengo de un mes malo en un
mal día,
que me lleva un año triste en una triste vida
y todos ellos llenos de horas vacías de luz,
todas ellas de minutos huecos donde no estás
tú.

Yo no me creo lo que dicen el progreso,
detente, que yo contigo quiero continuar,
y por lejos dicho, no me creo los cuentos esos,
que siempre mejor es el rápido andar.

¿A qué quiero mis pies?
¡Mis pasos son para tus pasos seguirte!
¿A qué quiero mis besos?
¡Tú tienes su mitad que de mi partiste!

Detenerse es también continuar,
ya se doblan para no vencerse los juncos,
(y yo nada quiero si no es quererte más).
Equivoquémonos juntos,
y que cada herror se ha cierto,
y que siempre en verdad sin cero.

Continuar también es detenerse,
ya las cimas como se suben se bajan,
(saben muchos que más lejos es más perderse).
Andemos juntos como los que se aman,
y que cada paso a la par se nos haga de cielo.

55.

…como no hay cielo sin saber volar,
porque las calles sin poesía son calles,
aunque sean causes de destino,
fuerzas desbocadas como mares,
encrucijadas de amores bien sentidos
y suertes si se les pone a rimar.

Poesía que eres la levadura en el pan de los
sueños,
tú salvas a los hombres de sus muros carceleros
pues sin ti cada paso, cada esquina es fría
cáscara
donde nadie mira a otros extraños, suyos en sus
miedos,
y sólo tú salvas la locura humana de esa
máscara.

Un árbol que crece imprevisto te versa
cual pájaro sobre prohibición posado se rebela,
las líneas de lo que no debe ser y los colores
vencidos
escriben tus perfumes que haces propios,
(y sólo atentos ven los pocos),
así te escriben candiles desvelados
y tus caminos mil veces escritos y vedados,

de niños, ancianas, cuerdos y locos.

Sin poesía no es ciudad la ciudad,
es bloque, es cemento, es hierro es metro y
metro,
mas mira de nuevo que la poesía está en tu
mirar,
ahora es anfiteatro vertiginoso de cielo abierto,
es nudo de ríos donde se rinden los vientos,
y sus gentes hacen su historia, verso a verso.

*("Sin poesía no hay ciudad", Armando Alanís
Pulido).

Índice